맛

맛

이성만 지음

좋은땅

시집을 내며

현재 순간에는 시간의 흐름이 없다. 무시간적이니 공간 또한 없다. 그리고 어떤 파괴나 변화도 없고 오염되지 않는다. 무엇보다 과거와 미래가 없다. 현재 순간을 사는 우리는 그것을 영원의 본질이라 인정할밖에 없다.

철학자 비트겐슈타인이 '영원한 생명은 현재에 사는 사람의 소유물'이라고 하지 않았던가. 당나라 말 선승 설봉의존도 '영원이란 지금 이 순간 외에 다른 것 아니다. 지금 이 순간에서 영원을 붙잡지 못하면, 수만 번 다시 태어나더라도 그것을 얻지 못하리라.' 하였으니 현재 순간을 충실히 살 일이다. 거기에 진정한 내가 무아로 하나님과 함께 산다.

흘러간 어제도 오지 않은 내일도 현재 순간 외에 머물 곳일랑 없다. 돌아보니 난 없이 계시는 그분 은혜로 산다. 빈탕한 우주, 회오리 은하, 태양계 창백한 지구별에서. 당연시될 것 하나 없고 연기 아닌 것도 하나 없다. 그분을 향한 의심과 그리움을 책에 담았다. 예수는 하나님 아버지를 농부라고 하였으니 전능한 그분이 농사에 실패할 리 없고, 기를 건 다 길러 거두는 그분이 볼품없는 내게서도 추수할 것 있으려나. 또 마지막 날숨에 무어라 말씀하실까?

두 번째 시집을 낸다. 몸부림하며 내가 나를 살았던 고백이요, 다는 알지 못할 연기의 하나님을 향한 서러움, 나는 이제 이 시집으로 하나님 원망일랑 하지 않으리라. 그리고는 내게 남은 시간이 맛있는 잡곡밥이기를, 구수하게 싸는 똥오줌이기를, 내가 머문 공간은 스멀스멀 맛있는 냄새가 풍겨 나오고 넉넉한 얼굴이고, 사라질 나의 맛은 천지자연 낭비 없는 귀환이며 유한에서 무한으로 이어지는 융합이기를 빌고 빈다. 현재 순간이 그분의 현현이요 그의 나라의 임장임을 잊지 않으며.

2025년 여름 이성만

목차

4 ⋯ 시집을 내며

제1부 그 여자

12 ⋯ 맛
13 ⋯ 마아트
14 ⋯ 괜찮은 것
15 ⋯ 그 여자
16 ⋯ 구름
17 ⋯ 내 마음
18 ⋯ 나의 하나님
20 ⋯ 의식
21 ⋯ 흉내
22 ⋯ 하나님
23 ⋯ 신의 정체
24 ⋯ 은혜
25 ⋯ 적어도
26 ⋯ 매미에게서
27 ⋯ 치자꽃

나아만이 버린 것 제2부

까 … 30
그때 나는 … 31
먼 여행 … 32
어떤 돌 … 33
세상 뜰 때 … 34
목련꽃처럼 … 35
소심 출세 … 36
기다리는 마음 … 37
인생 … 38
꽃잎의 부활 … 39
벚꽃과 직박구리 … 40
심판 … 41
나아만이 버린 것 … 42
우리 가족 … 43
말씀 … 44

제3부 사후에 대하여

48 ··· 두려움의 본질

49 ··· 자연 예찬

50 ··· 너, 결국

51 ··· 정신

52 ··· 별의 후손

53 ··· 사후에 대하여

54 ··· 다부지게

55 ··· 나무

56 ··· 하나님의 나라

57 ··· 몸뚱이

58 ··· 슬픈 의심

59 ··· 소크라테스 변론

60 ··· 하나님 후회

61 ··· 채송화 빛

62 ··· 길

제4부 돌아다 보네

66 ··· 장맛비

67 ··· 미영꽃

68 ··· 당부

즐거움 하나	…	69
예수의 기도	…	70
그게 그거다	…	71
구별	…	72
하나님 포대기	…	73
하물며	…	74
끝 꽃	…	75
픽 한 번 웃고	…	76
하나님義 사연	…	77
쌀밥 꽃	…	78
돌아다 보네	…	79
천강의 달	…	80

미래 회고 제5부

싹	…	84
미래 회고	…	85
나의 희망	…	86
하나님 나라	…	87
適時	…	88
명자	…	89
의심	…	90
기다림	…	91

92 … 두고 보자

93 … 終言

96 … 附錄

제1부

그 여자

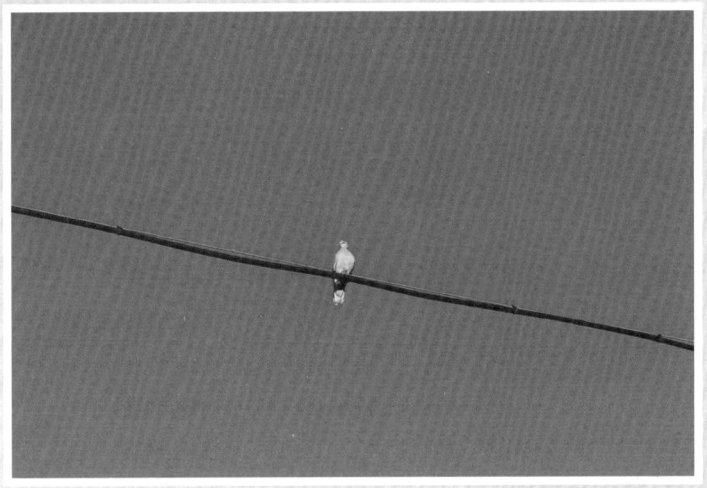

맛

내게 남은 시간은
맛있는 잡곡밥이어야 할 텐데
구수하게 싸는 똥오줌이어야 할 텐데

내가 머문 공간은
스멀스멀 맛있는 냄새가 풍겨 나오고
넉넉한 얼굴이어야 할 텐데

사라질 나의 맛은
천지자연 낭비 없는 귀환이고

유한에서 무한으로 이어지는
융합이어야 할 텐데

마아트

천칭에 오른 심장
깃털보다 가벼워야 할 텐데

목관 속의 얼굴
윤슬 마치 명랑해야 할 텐데

언제쯤 삶은 맑아지고
깊어지려나

무상한 존재 무게 털고
일어서려나

괜찮은 것

이리 살다 가 보는 거다
어쩌다 뭐 이리 살다가 가는 거다
부러워도 미워할 것도 없다

진여인 너와 내가 제각기
선하고 사랑이신 하나님 찾아 살다가
그분 곁으로 가면 되는 거다

돌담이 있고 붉은 감잎 지는
늦가을 어느 오후

에고에 아리던 몸 시원히 벗어 버리고
새 생명 확대에 드는 거다

하나님이 내가 되고
내가 하나님이 되는 신비의 지경으로
이리 살다가도 괜찮은 거다

그 여자

우리 은하 태양계
푸르고 창백한 이 지구별에서는
지지리 복 없는 내가

눈먼 한 여자를 만나
다시 없는 행복의 순간을 37년 살았다

흰 구름 하늘 나무에 둥지를 틀고
두 마리 새끼도 낳아 기르고
함께 늙어 가고 있다

인연을 맺어 준 평등의 부처님께
살림살이 보살펴 준 수직의 하나님께 그저
머리 숙여 감사할 일이다

혼례가 어제 같다
너와 나 아득한 푸른 바다로 이어진
영원을 또 살아 보자

구름

고향의 시골집 뒤뜰 감나무에서
수줍게 피어올린 날숨

아마존 밀림 실강에서 노닌
물고기 입김

구름으로 맺힌 사연 가득하네
자유롭고 느긋이 흐르네

비로 내려 골짜기 흐르고
샘물 되어 호미 쥔 여인의 목젖 축여도 주고
맨드라미 빛깔에 숨어도 있다가

계절의 수레 타고
하얀 구름 되어 하늘 오르네
나도 언젠가 새벽 수증기 되어서
하늘 구름 될 테지

내 마음

즉심시불이라지만 내 마음
복잡한 이 세상 무연히도 지나가네
머물지 않고 떠 가네

붙들 것 없는 이내 삶
흐르고 흘러서 어디로 가나
가서 무엇을 맺으려나

죽을 때라야 깨는 꿈
마음 씨앗 하나 부디 청정하길
겨울 하늘가 빈다

나의 하나님

나의 하나님은
인간의 손에 쓰인 성경에 갇힌 분 아니다
타 종교와 깨달음을 박대나 하는
쩨쩨한 아버지 아니다

나의 하나님은 예수 이전에는
하늘에 좌정해 있던 한량도 아니셨고
찬양받기를 좋아해 질투하는 분도 아니다

더구나 내 백성을 분별해 편애하는 분 아니다
경계 없는 사랑과 책임 있는 소통을 끝없이 해 오는 분이다

나의 하나님은
인간의 손에 만들어진 주장엘랑 마음 두지 않고
계속되는 창조 역사에 당신을 드러내신다

나의 하나님은 나의 하나님은
내 마음의 심연이고 천지자연의 가르침이며
찰나에 교섭하는 진행형 하늘

나의 하나님은 대속 너머 내 삶의 자속의 방식이며
유한한 내 속에서 무한성이 영글고 익어 가는
배양되는 하늘이고 하나의 님이시다

의식

여러 번 쓰러져 봐서 안다
후욱 간다 갑작스레
작별의 인사 살갑게 건넬 틈일랑 없다

눈 한 번 깜짝이는 순식에
손가락 한 번 튕기는 찰나에 의식은
대양의 적조로운 벗이 되고

흐르던 시공간이 마치
아무런 일도 없었다는 듯 무연히
중력의 고요에 떨어진다

텅 빈 충만 은하의 빛 속으로
신은 고되고 질겼던 나의 그림자를 거둔다
부활의 새 생명이 있다는 건
순전히 그분 은혜다

흉내

지겹다 이제
남 흉내나 내며 사는 거

조심할 일이다
붓다 공자 예수 닮고자 하는 것도
혹 시늉하는 거 아닐지

남은 생은
나는 나답게 살고 싶어
정말이야

애쓸 거야 더는 그렇게
안 살아 볼래

하나님

하나님과 하나님이 만나
하나님을 낳고

하나님이 하나님과 만나
하나님을 기르네

하나님이 방글방글 자라고
문실문실 커 가네

신의 정체

생하고 또 생하는 우주의 창조력
천지의 마음 그 자체가 신일까

고정되지 아니하고 끊임없이 변화하는
변화 자체가 신의 모습일까

유한성 속에 깃들어 있는 무한성이
신의 귀띔일까

인격의 신인 것은
외로운 하나님이 인간과 소통하려는
독특한 방편이 아닐까

은혜

누군 하고 싶지 않아도 수월히 되었고
하고 싶었으나 난 못하였다
돌아보니 그리된 것은 잘된 일이다
가이사 집사이고 사망의 그늘 아니었겠나
하나님 크신 은혜다

적어도

나사렛의 예수는 그리스도다
두말할 나위 없다

예수처럼 살지 못해 이러쿵
저러쿵 하는 것이다

예수처럼 살아 봐라
그게 구원 아니고 무엇이랴

아버지를 닮은 아들의 얼굴이요
하나님의 삶 아니리

난 죽어 천국에 올라가 숨 쉬며
부귀영화 아니 누려도 좋다

비록 순교의 용길랑 없지만
참 인생 살다 간 예수를 사모하며 적어도
난 그리 살아 보련다

매미에게서

참으로 열심히 운다
한눈팔지 않고서 당당히 제 여름
제 생명을 산다

어린아이 같다
주인 없는 천국은 저희 차지다
無爲以爲 부활의 담보

잡히면 놓일 줄 알고
포도알 두 눈으로 싹싹 빈다
까칠한 녀석 아니고는 반항도 없다

그렇게 칠 년을 기다려
한 달을 살다가 미련 없이 가느니
갈 때도 깔끔하다

새와 개미의 밥이 되어서 좋고
자전거며 사람 발밑에 으깨어져도 기쁜
색 없는 여섯 다리 가지런하다

치자꽃

어제 아침 호수로
시원하게 물을 주었더니

새하얀 꽃 두 송이
잽싸게 피었다

참 눈치 빠르다
그렇게 살아도 볼 것을

제2부

나아만이 버린 것

까

보잘것없는 분투에도 그분은
기뻐하실까

위대한 종들이 치러 온 전투와
비교 않으실까

그자 흡족해하시려나
씁쓸히

그때 나는

가나의 혼인 잔칫집에 있었지요.
여섯 개 돌항아리에 물을 부었던 자였고요

마가의 다락방을 안내하고 예수의 만찬을
시중들었던 종이지요

그리고 엠마오로 가던 눈먼
그 두 사람 중 하나가 바로 저였어요

십자가에서 부활한 예수가
갈릴리 바닷가에서 불피우고 고기 굽던
모습을 몰래 지켜보았고요

그런데도 의심하고 있어요
난 어찌 된 사람인가요

먼 여행

하나님께까지 올라가는
인류의 여행

아주 오래된 미래에
고슬고슬 하나님 고봉 쌀밥 위

잘 익은 완두콩 한 알은
되어야 할 것을

누가 나를 알아주나 하고
여기저기 기웃하며 세상 살다가

빼빼 마른 꼬투리에 싸여
예까지 나는 왔구나

지금이라도 博以約之
힘껏 그렇게 살아 보자는 쪽으로
어떻게 안 될까

어떤 돌

건축자 버린 돌 아니다
건축 현장에 끼지도 못하였노라

멀리서 바라만 보았을 뿐
어느 날에 모퉁이 머릿돌이 될 사연일랑
나에겐 애초 없었노라

희망은 줄곧 맹태하였을 뿐
나중 된 자로 먼저 될 순서에도 없노라

다만 애닯고 그리운 그분의 나라
잊지 못해 난 어린아이처럼 뒷짐 지고
여태 서성이노라

세상 뜰 때

내 맘 시원해야 할 텐데
그날 그 시각

의지할 이를 의지했기에 아주
후련해야 할 텐데

깨는 꿈이고
이어지는 생명줄이어야
할 텐데

목련꽃처럼

목련꽃 필 때 내 마음 아프다
화무십일 떨어진 꽃잎
향기의 무게여

애처로워 담아 보건만
아무렇지 않은 듯 너는 놀이처럼
떨구누나 춤추는구나

봄 아침 바람에
자목련 꽃잎 와르르 진다

내 마음도 지자 져 버리자
목련꽃같이

소심 출세

교묘히 시늉하고
속내는 행세하고 싶은 것

내 위에 누가 있으랴
그러며 사는 것

억울코 배곯은 백성들이
제발 좀 나와서 일 좀 해 달라는
그이 있던가

작게 작게 아주 작게
그대 빈 마음

기다리는 마음

그분의 손이 짧고 발이 느려
구원치 못하시랴

귀가 둔해 듣지 못하고
눈이 어두워 살피지 못하실까

밤낮으로 독사의 알을 품고
비단옷 짜는 우리

행악일랑 멈추지 않네
무죄한 피 흘리기에 신속하네

공의는 없고 굽은 길 스스로 만드는
인간의 무리, 무리 속 인간

언제까지 참아 기다리시려나
심판의 날일랑 있을까

급히 흐르는 하수와 같이 그분
영영 언제 오시려나

인생

무변 허공 우주에 떠 있는
밤톨만 한 별에서

잊힐 손님 되어
사나흘 묵어 가는 것

덧없이 지나가는
추억의 하루

신의 애달픈
눈물

꽃잎의 부활

와르르 핀 꽃그늘
더 매달려 있을 법도 한데

시샘이 싫은 벚꽃 한 잎
이른 아침에 지네

나부끼는 치맛자락같이
시나브로 낙하하네

변명 없이 머문 시공간이여
꽃잎의 부활이여

벚꽃과 직박구리

직박구리 한 마리 흐린 날씨에
벚꽃 가지에 앉아 두리번

어느 꽃을 쪼을까
쪼인 꽃은 아플까

열매 맺지 못하고 떨어진
꽃은 감사해할까

오늘로 밥을 먹고 산 지 22,692일
나는 참말로 모르겠네

하나님의 시선
하나님의 이치

심판

포도원 농부들아
은 열 므나를 받은 도시의 종들아
날이 이르렀다

나아오라! 함께
장사해 얻은 나의 므나를 보이고
파송된 그들을 증명하라

내 앞에서 자초지종
을 말하고 친히 데리고 오라

난 내 사랑을 책임이 없다
하지 않으리라

나아만이 버린 것

믿음은 신험한 것이지만
입증된다

나에게서 다른 이로부터
천지 우주 만물의 이치와 학문에서
인간 이성과 세상사에도

믿음은 모르기에 믿고
알고 나니 든든하고 더욱 믿어지는
그런 실상인 것이지

맹목이니 구비 아니다
난 그래서 하나님을 믿는 것이다
진리를 사모하는 거다

아람 왕의 군대장관 나아만이 버린 것을
나는 다시 줍지 않으리

우리 가족

토요일 아침
이순을 넘은 코코가 큰아들 활이랑
황급히 마트로 떠났다

오늘은 점심 겸 저녁으로 펼쳐질
우리 가족 단백질 데이

싱싱한 삼겹과 오겹살
풀 내음 가득한 쌈 채소 푸짐히 사 올 것이다

한 달에 한 번 네 식구 그렇게
단백질 섭취의 날

마무리 입가심은 과일 대신
둘째 아들 황이가 남은 고기 썰어 넣은
김치볶음밥으로 한다

말씀

내가 너에게 만금을 주는 것이나
들꽃 한 송이를 주는 것이나
내게는 똑같이 쉬우니라

내가 너를 명예롭게 하는 것이나
이름 없이 산비탈 범부로 살게 하는 것은
똑같이 내게는 쉬우니라

또 너를 왕이 되게 하는 것이나
도서관의 하급 관리로 일하게 하는 것이나
쉬우니라 내게는 똑같이

내가 너의 가는 길에
말로는 다 할 수 없는 기쁨과 뜻을 실었노니
가는 길이 험하고 멀지라도

감사하고 기뻐하라
물 마시듯 숨을 쉬듯 부단히 기도하라
너의 필요를 언제든 공급하리라

세상 기준으로 섣되게 네 삶을 재단하지 마라
너는 담대함을 더하고 또 더하라
모든 것이 잘 될 것이리니
나는 너의 하나님이라

제3부

사후에 대하여

두려움의 본질

혼돈해 마라 그대여
때로는 두려움이 세상에서 요긴한 것이나
본질은 악한 것

대개가 진리를 훼방함이요
하나님의 은혜이거나 사랑은 아니므로
쉬이 고용이나 동맹을 말라

도리어 두려움으로 받게 될
하나님 책망과 진노를 생각하라

두려워 말고 구하면
그분이 길을 보이리라 약속하셨고

온전한 사랑은 죽음마저 내어 쫓는
영생이라고 십자가에서 예수가
단디 본을 보이셨으니

자연 예찬

두고 못 갈 애착일랑 없다네
나올 때 나오고
돌아갈 때 돌아가네

만년설 녹아
동토의 씨앗 싹 트듯

망설이지 않는다네
더듬지 않고 욕망하는 영생일랑
아예 안중에 없지

시절 인연 준비되니 가고
때가 되니 오는 것 그저 그
뿐이라네

너, 결국

어디 그게 말같이 쉬운 일이겠냐만
마음 졸이지 않고 하늘의 소망일랑 접지를 말며
낙심은 더더욱 말자

나를 찾았다가 빈손으로
돌아간 자 없다고 말씀하신 그분이
오래전 계획 바꾸시겠느냐

아무리 구해도 많다 않으시고 작은 것에서
하찮은 일까지 돌보시는 그분이

자녀의 삶 변변치 않고
일생에 거둔 수확 고작 이뿐이라도
부인할 리 내치실 리 없다

주 안에서 기뻐하자
너 결국, 모든 것이 잘 되리라

정신

꺼지는 육체 기대어 살지만
태고에 심어진 신비의 씨앗

마음이 진리를 구하고
의지가 신성을 향해 달릴 때 비로소
피고 여무는 그 무엇

우주 만물과 세상만사
곧고 바르게 볼 수 있는 인간 존재
거룩의 본원

별의 후손

우리 몸을 이루는 원자들은
죽은 별의 잔해

먼 옛날 용광로 같은 별의 내부에서
생성된 생명의 씨앗

그러니 너와 나는
별의 후손

기적 같은 과정을 거쳐 탄생한
값진 존재의 이야기
우주의 심박

태초에 하나님이
인간 유리한 쪽으로 우주를 창조
했다고 할밖에

사후에 대하여

종말 아니라
몸 옷 벗는 기술
마지막에 피는 가장 아름다운 꽃

뜨거운 하루 미덥게 보내고
차분히 맞이하는 아침

막다른 골목이 아닌
끝없이 열려 있는 광대한 여행길

영원한 삶의 조화
과정의 협조

응당 생명이 열매 맺고서
꼭지 떨어지는 변화

더 높은 단계로의 도약
버림으로써 얻는 영세의 씨앗

다부지게

남은 생은
부서지지 않는 하나의 얼로
다부지게 살자

몸에 살면 정말 아무것도
못 된다

아담한 정신의 집과
맑은 인생관 없이 내몰리지도
끌려가지를 말자

분명한 생각으로 매일을 씻고
향기 나는 마음의 벽돌로 빚어야지
내 하나의 전체

나무

나무는 대견하다
어쩜 때를 저리 잘 알아서

잠시 부는 가을바람에
나뭇잎 떨구나

부질없는 실존 허공에 새기려
주렁주렁 버려야 할 것
많은 나는

그 언제 늦가을
시원한 저 가을 나무를
닮을까

하나님의 나라

하나님의 나라는 컴플리트하다
내가 알지 못해 그런 것이지 예나 오늘이나
빠뜨린 것이란 없다

실은 더 구할 것도
부족함도 없는 것인데 인간인 내가 개체로
욕심이 있어 불만이다

만족을 모르는 심연의 욕심은
하나님 나라와 멀다

지금 여기 나에게 임한
하나님의 나라는 그 무엇으로도 완전하다
정욕에 괴로워 말고 성만하자

몸뚱이

거추장스러울 때 있다
아무리 애쓰고 道氣長存 위안 삼더라도
살아온 삶의 흔적

실린 것은 없는데 자꾸 가야만 하는
빈 수레 같고 알맹이 없는
요란한 깡통 같으니

어쩌면 좋은가 나는 이제
짐이 되어 버린 흘러간 세월과 가여운
인생의 몸뚱이를

슬픈 의심

전지전능 지존자 하나님은 정말
나의 깊은 가운데 계실까

많고 많은 사람 중에
나로 인해 기쁨을 이기지 못하신다는
빛바랜 그 약속은 유효할까

잠잠히야 사랑하시겠지
그렇다고 내 이름 즐거이 부르며 무사불섭
남긴 세월 응원하실까

노이무공 나 따위도
포근히 안아 줄 그분 꼭 만났으면

나는 좋아라
덩실덩실 더덩실 춤추겠네

소크라테스 변론

자, 이제 우리 헤어질 시간이오
나는 저쪽 좁은 문으로 그대들은 이쪽 광장으로

누가 더 행복할는지는 신은 알고 역사는
현자를 죽였다고 기록할 것이오
현자가 아닌데도 말이오

난, 늘 마음의 신비한 목소리를 듣고 살아왔기에
죽음은 의심 없는 행복이라 여겨 나는
두렵지도 망설이지 않소

내 품위를 손상해 죽음을 면하기야 쉬우나
악을 면하는 건 정말 어려운 일이라오
그래, 난 이 길을 택하오

자, 우리 이제 헤어집시다
나는 죽기 위해 가고 당신들은 살기
위해서 가고

하나님 후회

천지 만물 만들어
더불어 살아온 하나님은 계획하신 공
이루신 것일까

돌아보면 사람 위탁의 역사 기쁨보다는
후벼 파댄 속상한 일 많을 텐데
후회막급이실까

아니 아니야
정말 이게 아니었는데 하실지도
그 무엇 계획하고 계실까

채송화 빛

나의 일생 들판 가로지르는
영혼의 바람

부지불식간
작별하지 않으면 안 되는
육체의 꽃

이 세상 눅진히 머물 곡절일랑 없고
미련 없을 그 짧은 순간을 난
지나가고 있는 것

남겨진 채송화 빛 시간
뜻밖의 선물이거니 부디 나날 나는
성심으로 살아야겠다

길

난 이 길 택할래
어디로 갈 건데 이맘때 물으면

거창할 거 없어
내게 세상을 구하라는 하느님
하명일랑 없을 테니

이젠 무거운 짐일랑 싫어
조그만 사랑이면 돼

부산한 꽹과리길보다는
나를 잃지 않는 길

제4부

돌아다 보네

장맛비

그때도 장맛비 밤새 내렸네
울타리 화초 잠 못 이루고 땅강아지도
근심하며 오롯이 맞았지

산골 냇가 안평리 우리 초가집엔
물살 밀려와 마당 쓸려 나가고
장독을 겨우 옮겨야 했네

비 갠 어느 날에
학교 파하고 돌아와 보니 왁자지껄
내리쬐는 햇볕

수박 따 놓은 토방 마루에서
낙차 큰 냇물로 뛰어내리는 미역 감기
동네 꼬마들 하고 있었네

미영꽃

장마 지난 창공
흘러가는 흰 구름인 양 핀
목화를 보았는가

수줍어 달아난 첫사랑같이
치마에 남은 향기
못내 그리워 우는 빛깔

잊히지 않고 이맘때면
물 마른 꼬들한 땅에 야리야리
그늘에 피는 미영꽃을

당부

두 아들아 혹여 나
언젠가 홀연히 죽을병에 걸리어서
희멀건 눈으로 시름하거든

뭔 약까지 쓸 필요 있겠냐
가쁜 호흡에 산소마스크 씌운 인류의
수술이랑 더욱 마라

날 오라 새 우는 아침
나의 짝 봉혜 손바느질 금침
쓰다듬어 고맙다 개고

새 깃털 날아가듯 고대한 본향으로
코끝 찡긋할 정도로만 미련 없는
작별 나는 하고 떠나리니

즐거움 하나

나와 코코의 집은 5층 아파트의 1층
모퉁이에 있고 하늘이 보이고 구름이 흐르고
바람이 넘는 봉제산 자락에 산다

지금도 아스팔트 아래로 그 옛날 물길이 흘러
지나는 새며 야생 비둘기 내려앉아
마시고 싶은 산물 소리 들린다

어디인가 모를 둥지 직박구리 가족
아침이면 뜨락 산수유에 앉았다 사라지기에
무슨 일일까 궁금했는데

에어컨 호수에서 떨어지는 하나둘
물방울 모여 만들어진 조그만 토 못 있었네
어제는 몇 개 돌 둘러 주었다

내 집 앞에는 새 가족 날아드는 옹달샘 있으니
이사 가고 싶지 않은 작지만 큰
즐거움 하나 예 있다

예수의 기도

나는 인애를 원하고 인간사 습득해 만든
내게서 멀리 떠난 종교의 예배일랑
나는 원치 않노라

삯된 제물과 꾀꼬리 같은 찬송이
내게 무엇이 유익하랴

헛된 기도를 가져오지 말라
너희가 아는 악행과 악업을 버리고 내게 나아오라
나는 하나님 아는 것을 원하노라

내게 부디 구하지도 말라
나는 이미 너희에게 목숨까지 내주었거늘
그것이 내게는 무거운 짐일 뿐

나냐 바울이냐 기독교냐
이 땅에 진리의 씨 뿌리고 꽃을 피워라
정의는 하수같이 흐르게 하라

그게 그거다

이 세상에 제일이란 없다 다 그게 그거다
먹는 거나 사는 거나 아는 것이나
특별할 게 없다 그게 그거다

무상한 이 세상 변치 않는 게 무엇 있더냐
어여쁜 얼굴도 아름다운 꽃과 향기도
언젠가 지고 마는 그게 그거다

권불십년 돈과 명예에 줄 서지 마라 굽히지 마라
악한 마음 길지 못하니 우리 서로 겸손히 살자
사랑은 기대 없이 살짝만 하자

아름다운 이생이 끝나고 밤이 오면은
테두리 없이 무한한 저 허공으로 기쁘게 가자
후회 없이 살다 가노라 노을에 웃음 짓자
삶이란 다 그게 그거다

구별

썩어 문드러질 껍질로만
반죽 되어 있는 것 아니다
신비의 영 깃들어 있다

자기 존재가 언제나
문제가 되는 영적인 동물

사람 나이 이순이면
진리의 하나님 말씀 들을 수 있어야
비로소 짐승과 구별된다

하나님 포대기

40조 살알 헐떡이는 이 몸
단순히 깨지고 마는 그릇 아니리

밤하늘 셀 수 없이 반짝이는 뭇별
가늠 못 할 저 무극의 허공도
마음 없는 빈탕 아니리

숭고의 정신 낳는 모체
절대 의식이 자라는 시원히 둘러업은
하나님 포대기

하물며

지난달 화원에서 단호박 모종 셋을 사다가
작다 싶은 화분에 함께 심었는데 하도 몸부림하기에
한 뿌리 슬쩍 캐어 옮겼다

뿌리가 다쳐서일까 아니면
낯선 환경으로 긴장과 불안해서일까나 영
잎과 줄기 시들해 보이길래

며칠을 관찰하다 어제는 속으로
내일 아침 아예 뽑아내 버려야지 하고는
사무실에 출근하여 보았더니

거짓말처럼 앙금 같은 샛노란 단호박꽃이
단디 보란 듯이 활짝 피었는데 꼭 내 마음 부끄럽게
들킨 듯하여서 미안하다

하물며 스스로 생을 마감한 인간의 죽음에도
무한 책임을 지신 하나님의 마음은
오죽하시려나

끝 꽃

제나의 살긋 인생을
거룩하게 끝내는 이
마지막 날숨 끝에 피어나는 옹근 속알
아름다운 시작의 꽃

픽 한 번 웃고

이 세상 무상하고
몸 둘 바 없는 공활한 우주
반딧불이 인생

언젠가 나의 영혼 곤해
저녁 잠자리에 들듯

나를 잊은 사내 픽 한 번 웃고는
마지막 끝 숨 내쉴 때

가고 오는 시간일랑 잊고
죽음 너머 힘차게 울리는 복음
부활이 고동한다

하나님義 사연

내가 이렇게밖에 사는 데는
필시 하나님義 까닭이 있을 것이다

하나님의 아들일랑
고래고래 소리소리 못날 수
가 없는 法

내가 뭐 이렇게 예까지
흘러온 데는 아무래도 하나님의 사연
부득이할 것이다

어디
귀 대어 보자

쌀밥 꽃

스릅스릅 짭짭
모든 추억은 멀리하라고

스릅스릅 짭짭
지나간 일은 아예 이야기
하지 말라고

집 나온 새 한 마리
물오른 이팝나무 끝에서 우네

그래도 취산화서 새하얀 꽃은
용서 못 한 나의 회개처럼 올해도 주렁주렁
쌀밥으로 필랑가 보다

돌아다 보네

나의 목숨 촌스럽고 수다스러운 것 아닌지
곧지 못하고 요행히 죽음을
면하고 있지는 않은지

경계가 없는 하나님 나라
이 세상에서 머리 둘 곳 없이 산 예수인데
적절한 나의 거처 어디인지

수욕의 무명 몰아내고
개인의 이름 지우며 예서 저기로
부디 너는 잘 가고 있는지

천강의 달

흐려진 눈 비비며
환갑을 맞은 아내가 차려 준 아침 밥상
적연히 기도하려다가

켜지 않은 텔레비전
흑백 브라운관 속에 살포시 비친
내 얼굴 바라보네

천강에 비친 달처럼
너는 누구이길래

한평생 어지러운 세상
바람처럼 산을 넘고 구름처럼 흐르지 못해
오늘도 그 무엇 찾아 헤매나

우습구나 그대여
천강을 비추고 사라지는 애틋한
얼의 달이여

제5부

미래 회고

싹

해 등지고 그림자 밟으며
묵은 떡 덩어리 메고 걸어온 길
몇 해이던가

몸 성하니 사박사박 살면은 될 테고
비워서 맘 놓이면 더는
바라지 말 것을

희로애락 속 빈 겨 껍질
그 무슨 맛이 그리워 머뭇거리다가
예까지 흘러서 나는 왔나

이름 없는 내가 본바탕
하나님의 씨

더는 종노릇 말고
구차한 정신일랑 벗어던지며
참나의 싹 힘껏 틔우자

미래 회고

먼 훗날 나는
내 인생이 그렇게 지나간 데에
눈웃음 보낼까

그렇게 많은 풍성
기대할 것 아니었다지만
그럭저럭

되어야 하는 대로 되었노라고
감사할 수 있으려나

나의 희망

누구나 자신의 시선 높이까지 산다지만
나의 삶이 경박하고 쪼그라드는 생 아니기를
착실한 보폭 두터운 축적이기를

자성이 사라진 밋밋한 관리의 삶
종교의 정답 잘 찾는 종속적 사랑
생존 기술에 능한 지식의 수입자 아닌

좋은 책 벗하고 생동하는 호숫가 거닐며
생각하고 질문하며 자라나는 부디
달콤한 미소 혁명의 삶이기를

하나님 나라

태어나고 사라질 모든 것들이

의존하는 중심

자라나는 씨앗

난삽한 생의 기준

지향하는 최우선 열매

適時

어제 내린 늦가을 비
놓칠세라 검팽나무 사윈 잎들
저절로 떨구네

누가 신호한 것 아닌데
매해 이맘때의 그대 기다려서
늦지 않게 보내노니

흔들리지 않고 가는 것
나두야 때를 알아 미련도 없이
가야 할 터인데

어쩌자는 것인지
아쉬운 듯 버티어 달린 감나무 잎아
사부작거리는 네 그림자에 이 밤
내 마음 서성인다

명자

이른 봄 붉은 황토 꽃 주렁주렁 이 달고
가을 들녘 지나는 길손 눈에 띄지 않도록
가시 사이 익어 가는 키 작은
명자의 열매

대부분 상처투성이라 호주머니 넣기도 번거롭지만
열매 향 맡아 본 이 아니라면 모를 거야
보배 같은 명자의 사연

혹시나 조금이라도 이르게 따면
그 열매 향기 없다는 걸

제시간 제 향기로 사는
명자를 올해도 난 만지작
만지작인다

의심

나라고 불리며 생각하는 내 속에는
많은 이 함께 살고 있네
구성의 요소라 불리지
그들은 내 밖의 것들과도 무수히 관계하고
그러니 그 무엇을 꼭 나이더냐 이름할 수 없네
나는 무수히 많은 것들로 구성되어 있다네
어쩜 나(我)라고 생각하는 그 생각
마저 나를 구성하는 그 무엇,
일부분 아닐까 하고

기다림

기다려야 한다

황갈색 섬유질 껍데기가

아레카야자 속살과 이별하기까지

모른 척 기다려야 한다

조급함에 욕심에 억지로 벗길라치면

부드러운 녹색 살에 생채기

그때는 아니 뵈지만

지워지지 않는 상처로 남는

기다려야 한다

아레카야자 껍질이

누렇게 익어 갈라진 틈새로

신호할 때까지

두고 보자

다산이 독서야말로 집안을 살리는 일
이며, 세상에서 가장 아름다운 일
이라고 하니

학교를 마치고도 돈 벌러 안 나가고
밤낮 책을 읽는 황이를
내버려 두고 있다

어디 집안이 일어나나
두고 보자

終言

세상과 작별할 때
이런 고백 하며 떠나고 싶다

하나님 아버지
감사합니다 사랑합니다
행복했습니다

附錄

부분으로서 전체의 구성에 참여함과 동시에 각각이 하나의 전체적, 자율적 통합을 가지는 현재 이 순간에 '나'의 해탈과 구원과 부활의 영원성이 숨을 쉰다.

'현재 순간'으로 본 '나'의 영원성 고찰
- Ken Wilber 무경계 사유를 중심으로 -

2025년 7월 이성만

■ 진리와 합일의식

영원(永遠, eternity)에 대한 인간의 관심은 지대하다. 천지가 생겨난 이후로 영원에 대한 동경과 희망을 단 한 순간이라도 인류는 잊은 적이 있던가? 번식하고 생멸하는 모든 생명체가 마치 영원을 살려는 몸부림 같기도 하다.— 단, 종교적 부활의 의미는 여기선 논외로 하자 — 그 모든 몸부림이 한군데로 향하는 데가 있다면 그것은 진리(眞理, truth, 깨달음)일 것이다. 진리의 보편성은 시공간의 제한이 없다. 그러니 시작과 끝도 없다. 또 변하지 않고 영속성을 지닌다. 무한한 존재이거나 절대적 실체이다.

돌아보면 인류의 역사 모든 시대 모든 지역에서 진리를 만난 현자들의 '진리와의 합일의식(合一意識, Consciousness of Unity)'에는 뚜렷한 공통점이 있다. 그것은 인간이 유한성(有限性, endlichkeiti)을 벗어난 무한성(無限性, infinity)이다. 그들은 하나같이 우리의 실재는 무시간적(無時間的)이고 무공간적(無空間的) 즉, 시공간을 초월해 있다고 말한다. 그렇게 되면 사실, 진리와 하나가 되는 의식에서는 시작과 탄생, 죽음과 종말이 없다. 붓다의 서방정토(西方淨土), 예수의 하늘나라(하나님의 통치가 있는 곳)가 그렇지 아니한가. 그러니 진리에 접근하려면 영원의 본질(本質, essence)을 철저히 파악할 필요가 있다.

종교와 시대의 경계를 넘은 다음과 같은 현자들 문답이 있다. 그리스도교 초석을 놓은 성 아우구스티누스(354~430)가 다음과 같이 묻는다. "마음을 고요케 함으로써, 오고감 없이 늘 머물러 있는 '영원'이 어떻게 과거와 미래라는 시간을 드러내는지를 들여다볼 자 과연 누구인가?" 이에 대해 300년 후 불교의 황벽 선사(?~870/856)가 "그것은 바로 네 눈앞에 있다."라고 통쾌한 일갈을 했다. 영원은 있는 그대로의 간단한 것이어서 우리의 할 일은 다만 눈을 번뜩 떠서 생생하게 보는 것일 뿐이라는 것이다.

그럼에도 영원과의 만남이 그토록 멀고 두렵게 느껴지는 이유는 무엇일까? 켄 윌버(Ken Wilber 1949~, 미국 사상가)는 '영원'이라는 의미를 오해하기 때문으로 직설했다. 즉, 우리는 영원이란 끝없이 계속되는 아주 길고 먼 시간의 연장이라 상상하며 간주(看做)하고 있다는 것이다. 이에 나는 적극 동의가 된다. 왜냐면 인간 의식이 정상과학이 되어 가는 요즘, 첨단 뇌·신경과학으로 살펴보아서도 '영원'에 대한 인간의 의식이란 끝없이 이어지는 시간에 대한 자각이 아니며, 순간의 현재에 접목되는 기억 파편들의 편집이요, 시간 밖에 존재하는 자각이라는 사실은 거의 분명하기 때문이다.

한마디로 우리가 진리와의 합일의식에 산다는 것은 '무시간적 순간' 속에서 '무시간적 순간'으로 산다는 것과 같다. 영원한 지금이 곧 하나의 의식 곧 '합일의식'이라는 것이다. 그렇다면 인간의 진리 탐구 최대 장애물도 시간에 대한 오해일 수밖에 없다. 로마 가톨릭 수도자요 신학자 마이스터 에크하르트(1260?~1327?)의 지적처럼, 시간 그 자체뿐만 아니라 덧없음, 헛되어 보이는 대상 등도 사실은 시간으로부터 기인하고 파생한 흔적이요 냄새인 것은 분명하니까.

■ 무경계, 딱딱한 틀의 붕괴

그런데 그동안 우리가 영원성을 사유할 때 반드시 전제해야 할 중요한 담론이 한 개 있었다. 그것은 물질을 이루는 최소 단위 그 무엇은 고정되어 있어야 한다는 특이점이었다. 그래서 인류가 과학을 본격 탐구해 온 150년 이래로 고전물리학에서는 모든 현실의 궁극적 재료인 원자를, 소립자인 중성자와 양성자가 태양처럼 중심에 있고 그 주변을 또 소립자인 전자가 행성처럼 공전하고 있다는 태양계의 축소판처럼 보았다. 그러나 소립자(elementary particle)란 독립해서 존재하는 분석 가능한 고정된 실체가 아니라는 사실이 양자물리학에서 입증되었다.

원자를 쪼개어 보니 소립자의 위치가 특정되지 않는다. 1935년 오스트리아의 물리학자 슈뢰딩거(1887~1961)가 양자역학의 중첩(superposition)과 관측의 역할을 설명하기 위한 비유로 했던 고양이 실험처럼, 원자 뚜껑을 열어 보아야만 소립자의 위치를 비로소 특정할 수 있다. 그것은 소립자로 구성된 만물의 본질이란 외부의 다른 사물로 뻗어 나가는 한 묶음의 관계성(關係性)이란 사실이 밝혀진 것이다. 한마디로 만물은 고정되어 있지 않은 확률이라는 사실이다. 이처럼 원자 이하 소립자들의 위치를 설정할 수 없는 것은 그것이 '경계(境界, boundary)'를 갖고 있지 않아서다.

인류는 그동안 경계를 설정해 만물이든 사유든 측정하고 기준으로 삼아 왔다. 어찌 보면 인류의 역사는 '경계의 역사'라고 불러도 무방하다. 그런데 우주의 궁극적 실체인 이 에너지가 분명한 경계가 없기에 그것을 측정할 방법조차 없다는 사실은 현대 물리학자들뿐 아니라 전통적 종교지도자들에게도 극도로 당혹스러운 일이다. 그것은 고전물리학을 내리친 마지막 치명타였다. 그토록 믿어 왔던 딱딱한 과학 연구 틀의 붕괴였다. 낡은 경계들이

한 방에 무너진 것이다. 인간이 겸손해야 할 까닭이 여기에 있다. 세계 최고의 이론물리학자 중 한 사람인 독일의 하이젠베르크 (1901~1976)는 이를 '불확정성의 원리'(uncertainty principle)라고 명명하였다.

이 같은 무경계(無經界, no boundary)의 교훈은 진리 탐구와도 깊이 상통해 있다. 힌두 경전 '바가바드 기타'에는 이런 말씀이 전해 내려온다. "얻고자 함 없이 그저 스스로 오는 것에 만족하고, 양극을 초월하여 시기심으로부터 해방된 자, 성공이나 실패에 집착하지 않는 자, 그는 행위 속에서도 속박되지 않는다. 갈망하지도 않고 혐오하지도 않는 그를 일컬어 영원히 자유롭다고 한다. 양극을 초월한 자는 갈등에서 쉽게 풀려나기 때문이다."라고.

기독교의 외경 도마복음(Gospel of St. Thomas)에서도 다음과 같은 의미심장한 나사렛 예수의 말씀이 기록되어 있다. "그들이 예수에게 물었다. 어린아이처럼 되면 그 왕국(하나님의 나라)에 들어가는 겁니까? 예수가 그들에게 말했다. 너희가 둘을 하나로 만들 때, 안을 밖처럼 밖을 안처럼, 위는 아래처럼 만들 때 그리고 남자와 여자를 하나로 만들 때 너희는 그 왕국에 들어가리라." 진리와 진리적 삶에는 결코 경계가 없어야 함을 말씀한 것이리라. 그러고 보면 인간사 세상사의 거의 모든 문제가 이 경계 지음에서 일어나지 않는가.

■ 현재·지금·순간

그런데 경계가 없는 또 다른 유일(唯一, only)이 있다. 그것은 매우 이론적이지만 우리가 일상에서 포착하고 어렵지 않게 경험할 수도 있다. 그것은 바로 '현재'이고 '지금'이며 이 '순간'이다. 모두가 같은 의미다. 이를 Wilber는 '현재 순간'으로 표현했는데 심층 한 걸음 더 들어가 보자.

현재 순간은 쪼개질 수 없다. 일시적이라고도 할 수 없으니 그렇지 아니한가. 무시간적이니 과거도 미래도, 이전도 이후도, 어제도 내일도 없다. 탄생이나 죽음의 비유에도 도입(導入)될 수 없다. 현재 순간은 '그저 영원하다.'라는 표현이 시원하고 적절해 보인다. 여타 종교 가르침에서도 부인(否認)하지 않는다. 긴 시간 속에 빠르게 스쳐 지나가는 것으로 보는 것이야말로 단견(短見) 아니겠는가. '시간 없는 영원'이라 해야 불교적 정견(正見)이고 그리스도교의 바른 이해일 것이다.

왜냐면 우리는 어렵지 않게 평범한 일상에서 무엇에 몰입할 때 시간을 잊는 경험을 하곤 한다. 그러니 '현재'라는 순간을 심층으로 들어가면, 상식 보편적 사고로도 그 안에 시간이 흐르지도 않고 존재하지 않음이 이해될 수 있기 때문이다. 거기에는 시작도 없고 끝도 없다. 불교적 표현으로 이 순간은 시간 없는 무량(無

量)의 바다이다.

그러니 현재라는 순간에 깊숙이 발을 내디디고 사는 이야말로 Wilber의 통섭과 정리가 아니더라도 우리가 열망하는 영원에 잇대어 사는 이다. 유한에서 무한으로의 확대이자 불생불사(不生不死)의 지름길 아니고 무엇이겠는가. 그이에게는 꽃이 가지에서 가지로 이어지듯 유한이 무한으로 변모한다. 이 순간이야말로 누구나가 접해 있는 진리로 가는 공개된 통로(通路, way)인 것이다.

그렇다면 이 순간이라는 '현재'는 언제 어떻게 생겨났을까? 첨단 물리 과학의 추론으로도 설명이 안 된다. 현재에 시작이 있기나 하는 것일까? 시간이란 닿을 수 없는 곳에 있어서 현재는 애초부터 시간의 흐름에 속한 적이 없다고 할밖에. 그 누가 이 현재에 대한 시작과 끝을 경험했다는 말인가. 그것은 불가능하다. 사람이 자기 죽음을 경험하지 못하는 것처럼. 이 '현재 순간'은 시작과 끝을 갖고 있지 않은 또 하나의 유일한 것일 수밖에 없다.

- **삶과 죽음의 일체성 이해**

영원성을 지닌 현재 순간은 삶과 죽음의 일체성 이해에도 매우 유익하다. 나는 공원 산책길에서, 떨어지지 않고 아직 꽃 옆에 까맣게 변해 매달려 있는 지난해 열매를 보곤 한다. 마치 죽지 않으려고 애쓰는 인간의 애중 같다. 이런 말이 기독교인들에게 불경한 말이 될는지 모르겠지만, 유기체의 죽음은 세상을 전체가 아닌 배타적으로 바라볼 때 생성되는 두려움의 현상이요, 문제인 것은 분명해 보인다.

왜냐면 사람은 자신을 내·외부의 환경으로부터 분리하는 순간, 오직 그 순간에 죽음에 대한 공포와 생존의 집착이 인간의 의식에서 발생하기 때문이다. 옛 진인들이 죽음을 두려워 않은 것도 실은 죽음의 공포를 몰라서가 아니었다. 그들은 오히려 죽음의 공포를 직시하고서 의도적으로 잠재울 방법을 심층 깨달아 실천의 삶을 살았기 때문이다.

그 방법이란 것도 아주 미묘해 쉬이 알지 못할 신비도 아니었다. 그것은 참된 자아를 '우주 만물 전체의 나'로 바라보는 합일의 식(合一意識, Consciousness of Unity)이었다. 그러므로 그들에게 개체적 죽음이란 심지어 바라는 것이기도 하였다.

그리고 보면 부분만이 죽음을 맞이함을 우리는 어렵지 않게 안다. 새로운 세포를 만들어 인체 조직을 유지하는 세포 분열이나 불필요하거나 손상된 세포가 전체 유기체의 균형과 건강을 지키기 위해 스스로 죽는 아포토시스(apoptosis, 세포자멸사)가 그렇지 아니한가.

전체는 죽을 수 없고 죽지 않는다. 만약 전체가 죽는다면 철학도 신학도 진리마저도 설 자리를 잃을 것이다. 개아(個我)를 넘어 전체와의 합일의식이야말로 삶과 죽음의 일체성을 이해하고 수용하는 최적의 길이 아닐까. 그럴 때라야 보이는 것과 보이지 않는 것이, 있음과 없음이 비로소 통일을 이루고 하나가 되니.

그러고 보면 사람이 이생에서 수행이나 수도를 통해 이루는 해탈이나 구원을 달리 말하면 의식적으로는 '개아적(個我的) 나'에서 '초월적(超越的) 나'로의 변화하는 사태이다. 이는 모든 전통에서 신성(神性)의 빛으로 인식되었고 지금도 그러하다. 진리이신 하나님을 믿든 아니 믿든, 따르든 않든, 아니면 신을 절대 존재, 존재 자체, 전체, 자연, 스스로 그러함, 연기, 근본 원리 등 우리가 진리를 어떻게 인식하는지 막론하고 '초월적 나'의 정체는 해탈, 진리, 신과 동일 성질이라는 것은 분명해 보인다.

그러니 '초월적 나'는 궁극적, 근본적으로는 '보는 나'이자 '보이는 나'이며, 그렇게 신은 우리의 눈을 통해 보고, 우리 귀를 통해 들으며, 우리의 입으로 말씀하신다. 진리는 그렇게 우리를 통하여 당신을 드러낸다. 인간과 진리와 신의 일치가 있다면 바로 이 지점에서 성립할 것이다. 생 클레망(St. Clement)이 "자기 자신을 아는 자는 하나님을 안다."라고 한 것도 사람을 신비요, 영적 존재로 보는 통찰이다. 그러고 보면 인류 역사의 현자들 깨달음과 종교 가르침도 여기에서 크게 벗어나지 않는다.

■ 진리에 이르는 길이 없는 까닭

그런데 Wilber는 절대 진리 혹은 신(神, God)과의 합일의식에 이르는 길은 없으며, 성취도 없다고 했다. 그는 왜 그런 주장을 폈을까? 설명을 위해 예로 든 그의 '파도' 비유는 신박하다. 그는 합일의식이란 특정한 파도라기보다 '물' 그 자체라는 것이다. 그러고 보면 물과 파도 사이에는 아무런 경계가 없다. 어떤 차이도 분리도 없다. 모든 파도는 물이요, 물은 파도를 이룰 뿐이다.

그러니 이 파도 저 파도를 옮겨 탄다고 해서 합일의식 즉, 특정한 파도를 얻을 수 있겠는가? 엄밀히 말해 합일의식이란 잡다한 경험 중 특별한 경험도 아니고, 작은 경험에 대비되는 큰 경험도 아니며, 두 개의 파도를 대신하는 하나의 파도도 아니다. 있는 그대로의 현재 파도이다.

그러므로 진리적 관점에서 '현재 순간' 외에는 아무것도 존재하지 않으므로 합일의식에 이르는 특별한 길이 달리 있을 리가 없다. 당신이 이미 진리 안에 있다면 진리에 이르는 길이 달리 있어야할 까닭이 없는 것처럼. 그래서 인류 역사의 현자들은 진리에 이르는 길은 없으며, 그것을 획득할 방법 또한 없다고 말했던 것이리라.

　힌두교 현자 아디 샹카라(Adi Shankara, 약 700~750년)가 "브라만은 곧, 그 사람이지 그 사람에 의해 획득되는 무언가가 아니다."라고 한 것도, 불교의 황벽 선사(?~850년경)가 "얻을 아무것도 없다는 말은 괜한 말이 아니다. 그것은 진실이다."라고 한 것도, 기독교 사상가 에크하르트가 "그대는 심상 없이, 또한 수단 없이(길 없이) 하나님을 알게 되리라."라고 한 것도 모두가 이 때문이다.

　이 같은 Wilber 주장은 궁극의 진리란 우리 일상에 경계 없이 널리 퍼져 있다는 말이다. 그것은 모든 곳과 모든 때에 존재하는 편재적 성질이기에 그러니 애써 특정 장소며 특별한 방법으로 합일의식을 찾으려 하면 그것은 달아나게 마련이라는 것이다. 그의 주장대로 우리가 흘러간 과거 오지 않은 미래의 저 너머만을 바라보고 있다면 '현재 순간'의 본질적 이해가 참모습을 드러내겠는가.

　그리스도교 신앙으로 말하자면 현재 이 순간이야말로 진리이신 하나님의 현현(顯現, appear)이요, 하나님의 통치가 줄곧 이루어지고 있는 하늘나라의 임장(臨場, field)이 아니던가. 또한, 불교의 관점으로도 현재 순간이야말로 붓다의 깨달음인 연기(緣

起)요, 공(空)이며 무아(無我)를 드러내는 것이니 예서 더할 말이 또 있을까.

■ 진리 속의 眞主, 세상 속의 眞珠

현재 순간에 대해 이러한 인간 의식은 참으로 놀라운 것이다. 나는 진리 의식에 인간의 진보가 있다면 그 최정점이 이것 아닌가 생각된다. 그러고 보면 우리 어머니 좋아하던 백설기 같은 만첩빈도리꽃도 해남의 초가삼간 부엌에서 보리밥 뒤척이던 엄마 손을 닮은 주걱개망초도 진리의 현현이다. 그러니 진리의 하나님을 이원화해 인격의 이름에 가두고, 그리스도의 참 자유를 유무형의 교회에 묶어 두어선 안 될 일이다.

석가 붓다가 우리 안에 이미 불성이 있어 본래의 깨달음이 내재하고, 나사렛 예수 또한 우리 내면에 아버지의 영이 거하고 그리스도가 있다고 했는데, 그렇다면 우리는 왜 기도와 수행을 해야 하는가? 그에 대한 Wilber의 대답은 사뭇 슴슴하다. 그것은 좌선과 기도 등 수행·수도란 합일의식의 마땅한 표현 중 하나라는 게 전부여서다. 그건 마치 귀한 보석이라도 사용하고 표현하고 드러내지 않는다면 그 가치를 발휘 못 하기 때문인 것처럼.

일본 불교의 선승 스즈키 노사(盧師)도 "부처님 가르침은 좌선을 시작할 때, 준비하지 않아도 이미 깨달음이 거기에 있다. 그리고 좌선을 하지 않아도 누구에게나 불성이 있다. 불성이 있기에 깨달음이 있다."라고 하였다. 좌선하는 이유는 부처님처럼 행동하기 위함이라고, 다시 말해 우리의 여래의 본성을 표현하기 위한 그것이 곧 수행이라는 것이다.

그렇게 되면 엄밀히 말해 이 수행 이외에 또 다른 수행이란 없게 된다. 진리를 드러내는 삶의 방식보다 더 높은 차원의 삶이란 없기에. 영적 수행이란 그것이 깨달음을 얻으려고 노력하는 것처럼 보일지라도, 실제는 단지 깨달음을 표현하는 것에 지나지 않는다는 것이다. 그러므로 수행이란 영적 깨달음의 적절한 활용이요, 충만한 영적 활동이고 기능이라는 그의 통섭이 충분히 이해가 가고 적극 동의가 된다.

그러니 비바람 부는 세상에서 빌고 바라는 기도야 있어야 하겠지만 사유하는 이라면 언제까지나 징징대고 매달리기 식의 어린아이 종교 신앙에서 벗어날 일이다. 평범한 우리네 일상이 수행이고 깨달음이요 하나님 드러냄이니. 무명(無明)을 벗었거나 못했어도, 진리의 하나님을 만났거나 못 만났어도 우리는 이미 진리 안에 있는 진주(眞主)이면서 또한 세상의 진주(珠眞) 아니겠는가.

- 인간의 저항

　그런데도 우리의 존재를 까맣게 잊고 이 '현재 순간'에 에고(ego)의 나(我)는 집요하고 은밀하게 저항을 계속한다. 마치 우리는 과거와 미래를 흘끔흘끔 돌아보며 그렇게 사는 것이 운명이라고 체념하면서. 이 저항은 현재에 머물려는 합일의식과 쉬지 않고 싸우며, 어제와 내일로 표류해 가려는 근본적이고 골치 아픈 인류의 습기요, 유전이다.

　그런 점에서 특별한 상태 곧 진리와 하나가 되려는 아니 이미 하나가 되어 버린 '합일의식'인 수행과 수도는 어제와 내일로 자꾸만 달아나려는 저항을 무력화하고 끝내 좌절시킨다. 그리고는 '현재 순간'에 머물게 한다. 그 대표적 인물이 석가 붓다와 나사렛의 예수이다.

　그러므로 내가 나를 향한 이 저항을 정확히 파악 못 하면 진리를 드러내지도 또 현재 순간의 영원성을 맛볼 수 없다. 그러니 저항을 세밀히 알아차림이야말로 그것이 곧 '합일의식'이고 영원을 붙드는 지름길이다. Wilber는 이러한 저항을 있는 그대로, 하나의 총체로, 존재 자체로서 현재를 의식 못 하게 하는 일종의 '총체적 망설임(comprehensive hesitation)'이라고 불렀다.

이러한 저항과 수용의 거부는 자신의 전 생애에 걸쳐 깊고 넓게 일어난다. 그것은 우리의 진정한 본성인 '합일의식'을 상실하게 할 뿐만 아니라, 우리를 시공간이 지배하는 '경계의 세계'에 묶어둔다. 그런데도 우리는 이 '현재 순간'이 올바르고 완전한 것이 아니라는 생각을 왜 하게만 되는 것일까? 현재에 오롯이 머무는 대신에 왜 우리는 과거와 미래로 자꾸만 달아나려고 하는 것일까. 그 달아남이 영원을 놓치게 된다는 사실을 잘 알면서도 말이다.

■ **현재에 저항하지 않는다는 것**

그렇다면 현재에 저항하지 않는 방법이야 있을까? 작자(作者)는 없으나 업보(業報)는 짓고 사는 색·수·상·행·식 오온(五蘊)이 모여 '나'라는 의식으로 살아가는 이 나는 진리와의 합일의식 곧 '현재'에 대한 저항감으로 응축되어 있다. 내가 단지 느끼는 것이 이니라 그것은 내가 곧 언제나 어디서나 만연한 근원적 저항이다. 이 저항이 해소되는 정도에 따라 전체와 개체, 세계와 나의 분리도 해소된다.

그 순간 뭇 형상 그대로의 현재를 직시 않으려는 포기가 자발적으로 일어나고, 스스로 세웠던 '경계'가 눈 녹듯 붕괴한다. 비로소 나사렛 예수가 고백한 "나와 아버지는 하나다."가 수용되고, 존재하는 건 하나의 파도뿐이며, 그 파도는 모든 곳에 존재하기에 파도 옮겨 타기를 하지 않게도 된다는 Wilber의 설명이 이해된다. 현재 순간을 스쳐 지나는 찰나의 경험으로 인식하지 않게 되고 직시(直視)하게 된다.

합일의식에 저항하지 않는다는 건 진리와 이미 하나가 되어 있음이다. 또 현재 이외에는 아무것도 존재하지 않는다는 진솔한 고백이기도 하다. 그에게는 시작도 없고 끝도 없다. 앞과 뒤에 아무것도 없으며 비로소 여기에서 모든 것이 멈추고 존재가 사라진다. 색즉시공 공즉시색의 중도(中道)의 세계가 열린다. 그러니 기억으로서의 과거와 기대로서의 미래는 현재로부터 달아나려는 인간의 근원적 저항임을 잊지 말 일이다. 그럴 때라야 내가 나를 충실히 살 수 있기에.

한국 불교 조계종 종정을 역임한 서암 스님(1914~2003)은 "억겁(億劫) 이래 나란 놈은 본래 존재하지 않는 것이니, 죽어도 달리 갈 곳이 없도다. 아무 데도 없도다."라고 고백하였다. 힌두교 베단타 철학과 인도의 영적 스승들도 "브라만에 대한 근원적 저항조차도 실제는 브라만의 움직임이다." 하지 않았던가.

그러고 보면 현재로부터 우리의 달아남도 '현재'가 벌이는 원초적 움직임은 아닐는지? 지금 외에 다른 시간이란 존재한 적도 없고 존재하지도 않을 것이기에. 시간은 쪼갤 수 없는 하나의 점

(點)이지만 그렇다고 점이 모여 과거와 미래를 잇는 선(線)의 유익함도 소중히 할 일이다. 딱히 '나'라고 할 만한 것이야 없다지만 그래도 색·수·상·행·식 오온이 모여 이렇게 '나'라는 의식을 낳아 살아가고 이어지고 있지 않은가.

■ Wilber의 최후 질문과 답변 : 현시된 세계

타고난 통찰가 Wilber가 동서양의 철학과 사상과 종교의 경전 등 인류의 지혜서를 통섭하고서 약관의 나이 23세에 집필한 《의식의 스펙트럼, 1977》을 읽기 쉽게 요약한 《무경계 No Boundary, 1979》 말미에는 그의 통찰의 총합이라고 할 그의 최후 질문과 최후 답변이 이렇게 실려 있다. "나무의 초록, 하늘의 푸름, 대지의 붉은 노을 등 다양한 색을 우리가 볼 수 있음은 우리의 눈이 특별한 색을 지니고 있지 않아서이다."라고.

우리 눈의 각막이 붉다면 붉은색을 볼 수 없고 초록이면 초록색을 볼 수 없음을 떠올리면 전혀 틀리지 않는 설명이다. Wilber는 이를 우리의 현재 의식에도 그대로 적용해 볼 수 있다고 주장한다. 우리가 공간을 볼 수 있음은 우리의 의식이 무공간이기 때문이요, 시간을 의식 못 함도 무시간적이기 때문이고, 형체를 보는 것 또한 우리의 의식이 무형이어서라고. 정말 그런가? 과학으로 입증된 것 아니지만 그럴 것도 같고 아닌 것도 같고.

Wilber는 우리의 의식이 무색이요, 무형이며 무공간이고 무시간이기에, 우주 전체가 '나타나는 순수한 공'이며, 이 순간에 유형의 세계가 무형의 의식에서 일어난다고 용감하게 말한다. 나는 이 세계가 우리의 의식에서 일어나고 사라지는 실재(實在, existence)가 아니라 허상(虛像, illusion)이라는 말이야 여기저기서 주워듣고 간혹 사유를 해 왔지만 Wilber의 주장은 여전히 어렵고도 무거운 주제이다.

바꿔 말하면 인간 의식에서 공(호)과 형(形)은 다른 둘이 아니라는 것이다. Wilber는 그 둘은 이 순간 속에서 드러낸 한 가지의 '맛'이라고 한다. 또한, 우리가 바로 그 '맛'이기도 하다고.

그에게 공과 의식은 같은 실재에 대한 두 개의 이름에 지나지 않는다. 그것은 우주 전체가 순간순간 생겨나는 '광대한 개방성(開放性, openness)'이고 '자유'이다. '공'이란 이 순간 우리 자신의 '원초적인 자각'이라는 거다. 다른 이름으로 부르자면, '근원적인 영' 그 자체이다.

그는 마지막에 자신을 향하여 최후의 질문을 다음과 같이 던지고는 그에 대한 자신의 최후 답변을 이렇게 마무리하고 있다. "현시된 세계란 실제로 어떤 것인가?" "나는 그것이 상호 침투하는 과정으로 서로 잘 짜인 Network(관계망) 또는 홀론(holons)이라고 믿습니다."라고.

　한 번쯤 찬찬히 생각해 볼 일이다. 만약에 이 세상이 꿈이라면 그럴 것이고 또 곰곰 사유해 보면 우주 만물 또한 인간 의식에서 생겨나고 꺼지는 것으로도 설명되고 또 종말이 있다면 그것은 그대 의식의 사라짐이기도 하기에. 부분으로서 전체의 구성에 참여함과 동시에 각각이 하나의 전체적, 자율적 통합을 가지는 현재 이 순간에 '나'의 해탈과 구원과 부활의 영원성이 숨을 쉰다.

맛

ⓒ 이성만, 2025

초판 1쇄 발행 2025년 8월 15일

지은이	이성만
펴낸이	이기봉
편집	좋은땅 편집팀
펴낸곳	도서출판 좋은땅
주소	서울특별시 마포구 양화로12길 26 지월드빌딩 (서교동 395-7)
전화	02)374-8616~7
팩스	02)374-8614
이메일	gworldbook@naver.com
홈페이지	www.g-world.co.kr

ISBN 979-11-388-4570-0 (03810)

- 가격은 뒤표지에 있습니다.
- 이 책은 저작권법에 의하여 보호를 받는 저작물이므로 무단 전재와 복제를 금합니다.
- 파본은 구입하신 서점에서 교환해 드립니다.